난 감사의 사람

난 감사의 사람

2012. 9. 5 초판 인쇄
2012. 9. 24 2쇄 발행

지은이 강 형 식
발행인 황 수 관
발행처 도서출판 신바람

등록번호 제 2007-15호
경기도 군포시 산본동 1061-1 현대아카데미센타 604호
☎ 031)395-0552   FAX. 031)394-0554

총 판 선교횃불 ☎ 02)2203-2739 FAX. 2203-2738

값 8,000 원
ISBN 978-89-98201-00-5   03230

多肥 강형식 詩集

난 감사의 사람

추천의 글 1

'난 감사의 사람'이라는 시집을 읽는 기쁨이 왠지 마음을 설레게 합니다. 목사님, 시인, 수필가, 교수이신 多肥 강형식 시인의 귀한 감사의 시집 발간하심을 축하드립니다.

감사하는 삶은 인생의 꽃입니다. 감사하는 삶은 수천 가지 놀라운 감격과 축복을 받아 누리게 된다고 시인은 입으로 고백하고 있습니다.

시인의 주옥 같은 글들을 읽으며 많은 기쁨과 감동으로 온몸이 전율되어옴을 느낍니다. 작가의 시 중에 '감사가 주는 행복'

> '감사를 하나의 숨결 같은 / 노래로 부르고 싶습니다
>
> 감사하면 아름다움 / 감사하면 행복함 /
>
> 감사하면 따스함 / 감사의 전령이 되어 오리라'

이 詩는 시인님이 곧 감사의 사람, 행복한 사람 다윗 같은 신실한 사역자使役者로 새삼 느끼게 합니다.

독자 여러분에게 이 귀한 시집을 추천드리며 이 시집을 읽는 모든 분들께 감사가 충만하시고 신명 나는 행복이 새록새록 넘치시기를 소망합니다.

앞으로 더욱 감동적이고 보다 더 알찬 목사님의 시집이 계속 출판되기를 바라며 행복한 시인이 되시기를 고대합니다.

2012. 9

연세대 의과대학 외래교수 **황수관** 박사

세상에서 앞서 가는 사람은 좋은 아이디어의 사람이 아니라 평범한 것을 놓치지 않고 삶이라는 밭에 올려놓은 사람인 것입니다.

평소 존경하는 강형식 목사님이 하나님의 지혜로 적어 두었던 귀한 옥고玉稿가 정리되어 '난 감사의 사람' 이라는 시집이 출판된 것에 축하와 박수를 보내드립니다.

시집詩集을 보면서 하나님 창조의 신비와 신묘막측하신 하나님의 사랑을 심오하게 표현하심에 큰 감동을 받습니다.

분주한 목회 중에 순간순간 떠오르는 영감靈感과 시심詩心을 하나로 묶어 시집을 출판하시는 목사님은 분명 시대를 앞서 가는 참 일꾼이요, 참된 작가임에 틀림없습니다.

순수하고 가끔 일상적인 표현들이 가감없이 표현되고 있지만 그러한 글들이 오히려 삶의 느낌을 솔직하게 표현하는 재치로 승화하고 있다는 것은 필자의 탁월한 재능으로 보여 집니다.

혼탁하고 거친 세상에서 훈훈한 고향 냄새가 물씬 풍기는 작가의 시집을 추천 드리며 축하드립니다.

대한예수교장로회 증경 총회장
성지교회 담임 노문길 목사

헤일수 없는 많은 사람들과의 만남을 가지면서도 마음 한구석 아직도 만남의 미련이 남아 있는 것은 어인 일인가?

십년을 만나도 마음 한구석에 서먹한 정이 있는가 하면, 짧은 순간의 만남을 통해서도 만리장성을 쌓는것 같은 흐뭇한 만남이 있습니다.

강형식 목사님 작가를 만남은 후자의 만남이요, 감사의 만남이었습니다. 시인님을 처음 만났을 때 나는 속이 확트이는 것 같은 느낌을 받았고 시인님의 '난 감사의 사람' 이라는 글처럼 늘 순수하고 정감이 넘치는 분이었습니다.

시인님은 티없는 순수한 영혼을 소유하신 목사님이시오, 시인이요 교수님으로 시원하게 흐르는 계곡물에 발을 담고 앉아 있는 듯한 좋은 느낌을 받게 됩니다. 분신 같이 땀으로 엮은 목사님의 글은 문자가 아니라 영혼 영혼을 파고 드는 심오한 능력이요 가르침입니다.

이 시집詩集을 통해 얻은 수익금을 불우한 청소년들과 미전도 종족 선교를 위해 모두 드린다고 하시니 목사님 다운 큰 결단임을 축하드리오며 한국 문단과 세계 문단을 향해 비상하시는 기적의 시인이 되시기를 소망합니다.

시인 이애경

마음으로 오는 새 힘을 온몸으로 체휼합니다. 이제 막 아침을 여는 새색시 마음으로 첫 작품집을 엮어 봅니다. 좋은 글을 쓰는 것 보다 시집이라는 옥동자를 순산하려는 몸부림이 더 어렵습니다.

갓 깨어난 병아리가 겁 없이 영역 밖을 넘나들듯 조금은 당돌함과 망설임을 살포시 밀쳐 놓고 그동안 주보에 올린 글들을 추수리어 한 과정을 마무리 짓고, 새로운 도약의 계기를 가지고자 부끄러운 마음으로 용기를 내었습니다.

한 문장의 글이라도 내 흔적임을 깨닫고 글을 아름답게 만드는 글의 작은 수선공이 되겠습니다.

다시 한번 지혜와 사랑을 입혀주신 하나님께 감사드리며 물심 양면으로 도와주시고 큰 용기를 주신 모든 분께 심심한 감사를 드립니다.

이 시집의 모든 수익금은 불우한 이웃과 미전도 종족을 위해 선교비로 전액 드리려고 합니다.

독자 여러분의 질책과 충고, 그리고 사랑을 겸손히 받겠습니다.

귀한 여러분의 가정에 행복과 감사가 충만하시고 앞날에 순적한 미래가 열려지시기를 소망합니다.

詩人 多肥 강형식

차 례

새·날·의·시·간

詩人 이애경 詩

多肥 姜亨植 詩

감사가 주는 행복

감사하면 아름다움
감사하면 행복함
감사하면 따스함
감사의 전령이 되어 오리라

감사의 발자국

높은 하늘
푸른 공기 반가워

굽이 굽이
신수리를 향하는
마음이 풀향기를 담고
잘도 달린다

시원하다
고향에 온듯
요람인양 잘 우는 매미가 정겹다

머무른 자리
감사의 발자국을
만들어 본다

셀라*를 외치며
신수리를 향해 오시는
주님을 영접한다.

*셀라 : 히브리어)높임, 올림

비타민 감사

이른 아침
감사의 심령을 열어
기도로 시작한다

멋쟁이 성도는 미소로
바울닮은 성도는 활력있는 믿음으로
작은 키가 아름다운 성도는
종종 걸음이 바쁘기도하다

운전하는 성도를 향해
사정없이 환한 미소를 날린다
가을 바람에 하나님을 송축하는 소리가
첫가정에 스며든다

하늘문이 열리는 축복
하나님이 기뻐 받으시는 칭찬의 가정
비타민 같은 감사가 넘친다

맑은 가을 하늘만큼
은혜의 바람이 시원하게 분다
감사의 고백이 물 흐르듯한다.

가르쳐주세요

좋은 부모되는 길을
가르쳐주세요
새힘도 주세요
기도하는 은혜도 주세요

가르쳐주세요
엄마는 눈물이 많다고
아빠는 어깨가 무겁다고

아이가 태어날 때
행복과 양육이라는 글자를
가지고 태어났을까

아이야
네가 자라거든
부모마음을 알아주기만 해라

한없는 사랑으로
아이를 사랑할 수 있도록
십자가 예수 사랑을
가르쳐 주세요.

둥지

명심하라
가정이 무너지는 소리
생각하라
학교가 벌거 벗는 소리

정신 차려라
나라가 바다로 수장되는 소리
애국 없는 교육의 흐름이다

감사하라
가정이 행복의 꽃

학생이
스승의 은혜를
예그리나 하는 진한 향기

물씬 풍기는
감사의 둥지에
살고 싶어진다.

감사의 통로

감사의 길은
누가 갈 수 있을까
감사의 길은
행복을 사모하는 자일까

감사는
자동차 기어의 모습인가
감사의 통로는
목련의 줄탁*인가

감사의 통로
입술의 향연일까
감사가
저만치 멀어진 요즘

마음의 화롯불로
감사의 온도
행복의 온도를
1%만 더 높였으면 얼마나 좋을까.

*줄탁 : 꽃봉오리가 툭툭 열림, 병아리가 껍질을 깨고 나오는 신비함

행복

감사하면 행복이 들어오고
불평하면 행복이 돌아간다고
심령에 속삭이지 않았던가

은혜를 감사하는 교회
허물많은 영혼을 찾아 구원하시려고
여기 강림하셨지 않은가

사랑하는 성도들이
사랑으로 맵시있게 수놓은
복된 성전이어라

주께 무지개같은 옷을
입혀드리고 싶어 분주하고
셀라를 소리쳐 부르네

사랑과 성화의 웨슬레를 닮은
경건한 메도디스트가 되고
주님손에 올려진 이쿠수스*가 되고싶어라

나의 요람 나의 인생 나의 전부
영혼을 보듬어 주세요.

*이쿠수스 : 헬라어)작은 물고기

울타리

사랑의 울타리
나홀로 건성건성 만들지 않게 하시고
한 뜻으로 만들게 하소서

신술 성전이 병풍되어
하얀 이슬같은 기도가 채워져
영혼들이 춤추게 하소서

감사의 울타리
찜통 더위에 시원한 냉국 감사로
심령에 넘처나게 하소서

훤히 보이는 가지런한 울타리 넘어
촘촘한 현상을 버리고
감칠맛 나는 단아한 울타리를 치게 하소서

작은 울타리
큰 세월의 너울을 타고
행복한 담쟁이가 되어
내 영혼을 두르고 있게 하소서.

감사하는 마음

병들게 하심도 감사
나약한 나를 창조하심
감사의 비밀로 간직합니다

가끔 수렁에 던져 주심
성숙한 나를 찾는 기회입니다

일이 안되게 틀어주심
주님 신호로 믿고
나의 보람을 알게 됩니다

먹고 사는데 힘겹게 하심을
더 없이 감사를 드립니다
눈물로 빵을 먹는 모습을
알게 하시기 때문입니다

불의와 허위가 물결치는
태어난 것도 감사를 드립니다
사랑이 분명하게
확연히 비추기 때문입니다

감사할 수 있는 마음을
영원히 허락하여 주옵소서.

미소

생선을 파는 여인의
부드러운 미소가
시장안의 모든 냄새를
행복냄새로 정화하네

채소장수 아저씨
너털 웃음에 맺힌 미소가
보채던 어린아이
슬며시 잠을 청하네

순대파는 할머니
칭찬하며 입가에 미소가
건들대던 청년의 어깨가
겸손하게 내려왔네

부엌도구 파는 청년
감사하는 마음에서 나오는
살인 미소가
행복의 광장으로 인도하네.

미안합니다

가까우니까
사랑하니까
너를 위해 하는 말이야

몸에 좋은 약은
쓰고
가슴 후비는 말은
비수가 되어 온다

미안합니다
정말 미안합니다
미안 미안합니다

좋은 물은
여러 개 필터를 지나
건강한 물로 만들어 진다

좋은 내입술은
감사라는 여러 개 필터에.

웃음

개성의 여인이
보조개를 실룩 거리며
환한 웃음을 짓는다

흠칫 놀란 사람들
웃음이 웃음으로 전해지네
죽을 병도
치료는 웃음이 한단다

마음껏 웃자
웃음은 젊음을 주고
건강을 주고
가정에 행복을 주는 파수꾼

금방 웃고 또 웃자
한번 웃음이
몸 근육을 춤추게 한다

화끈하게 웃자
웃는
못생긴 여인 모습이
행복의 전부가 되었네.

감사가 주는 행복

하루 처음하는 기도
'감사합니다!'
감사를 하나의 숨결 같은
노래로 부르고 싶습니다

감사하면 아름다움
감사하면 행복함
감사하면 따스함
감사의 전령이 되어 오리라

감사하기 힘들어도
주문 외우듯이
시를 읊듯이 항상 노래해 봅니다

오늘 하늘과 바다와 산을
바라볼 수 있음을 감사합니다.
하늘의 높음과 산의 깊음을 통해
사랑하는 마음을 배울 수 있어 행복합니다.

노송

바람을 타고
파란잎이 입을 열어 노래를 한다
중복이 불어대는 입김에
은색 너울이 된다
작은 콩새가 날아와
노송을 잡고 재잘거린다

오늘은 좋은날
오늘은 기쁜날
노송아 친구하자
노송아 도우며 살자

행복해 하는 노송이
나를 향해 손짓을 한다
땀을 닦으며 서 있는
날 향해 감사하란다

감사하지 않는
내마음을 알아 버렸구나

손을 흔들며 감사하는 노송아
너처럼 감사하련다.

연초록 봄

새바람에
실려온 향기

노오란 개나리
분홍빛 진달래
새하얀 벚꽃이
한껏 어우러지니
길가는 아가씨들 발목을 잡네

연초록 봄이
여린 잎을
살짝 살짝 터트리니
산마다 풋내음이
바람을 타고 음률이 되네

발산하라
일어나라
품어내라
연초록 봄이여

식탁으로 내려
한자리를 차지하네.

좋은 날

오늘은 좋은날
아침을 엽니다

기다림 설렘이 반가워
콧등에 산소가 들어 옵니다

기다림
행복을 만들어
여기 마음 광장에 펼쳐졌습니다

오늘 아침
나만 간직한
영혼의 천상의 소리를
가슴에 심고 갑니다

기다림은
오늘이 흘러 갈수록

오늘도 기다림으로
영혼의 맑은 소리를
듣고 싶습니다.

보약 한첩

건강을 위해 운동하고
친 환경 좋은 식품을 찾는다

좋은 식품보다 귀한 보약이
좋은 말 행복한 말
사랑의 말

말보다 강한 것이
사랑이며 관심이요

시위를 떠난 화살
입에서 나온 말은 돌아오지 않는다
부드러운 말이
뼈를 깎고 아픈 상처를 치유한다

물고기는
언제나 입으로 낚인다
좋은 말은
보약 한 첩보다도 낫다.

그 행복

행복
나누는 사람이
많아도 상관이 없습니다

벅찬 행복
꿈 같은 행복 손
행복을 나눌 사람이 있어야
행복한 사람이 아닙니다

행복의 파랑새가
날라 왔다면
그 행복을 누구와 나누겠습니까

인생의 기쁨은
서로 나누어 가질수 있는
상대가 있으면 행복한 것입니다

인생의 행복은
한 개인이 아니라
나눌때 주어지는 것입니다.

유머 안경

색이 있는
안경을 쓰고
세상을
한 색으로 물들이듯

웃음이라는
안경을 쓰고
마음껏 웃고 싶어진다

기쁨의 눈으로 보면
세상은 콧노래와 아이들
웃음소리로 가득하다

유머 안경을 쓰고
감사의 노래를 부르자

케네디는
중요한일을 할때
늘 좋은 상상을 하고
이루어진 행동을 했다고 한다

모든 사물들이
유머를 찬미하고
행복 통로로 올라 가자.

선풍기의 기도

환한
밝혀진 조명
가지런히 정렬된 의자를 타고 올라
한손에 의지하여
안간힘을 쓰는 너 안쓰럽구나
온종일 피곤함에 지친 에어컨과 눈이 맞았나

충혈된 눈을
뒤로 하고
나서려는 순간

밤사이
도둑 이사 온 거미란 놈
텃세 부리며 살림 차렸네

연신
코만 풀어대는
풀벌레 소리가 정겹기만 하다

내 눈에만 보이는 걸까
밤새 기도한 선풍기
그 애절한 사연을 … .

차 한잔

가만히 비워
茶^차를 마실 때
들여 보라

조그마한 찻잔에
얼굴이
파장이 되어 흐른다

급히 마시면
찻잔은
얼굴의 모습이 사라진다

찻잔을
조용히 보고 있노라면
살며시
색깔을 입혀 내가 보인다

차 한잔의
고요함속에
따스함이 스며 오고
영혼의 깊은 곳 까지
평안으로 바꾸어 놓는다.

153의 감사

이른아침 성령이 깨운다
눈썹형제 정을 아쉬워 한다
어둠을 누르고 기도소리가 차지 한다

허물만큼이나 쉼없는 비가
모진 사람처럼 태연해 하다가
고꾸라진 베드로처럼 온몸에 흐른다

창밖은 비가 회심한듯
은빛눈물이 되어 연신 콧등을 타고 내리고
작은 영혼에도 153의 감사가 온다

은빛 눈물의 비가 감사의 사신이되어
목마름이라는 강적을 만나게 한다
보혈을 입고 능력을 입고
하나님의 사랑을 경험하게 한다
욕심을 소유한자가 형통하다 미소 지어도
153의 감사로 153의 사랑을 해보자.

철쭉 편지

철쭉 부리로
추운 겨울을 잡아 당기면서
철쭉이 편지를 쓴다

철쭉이 한 움큼 단장하고
가장 감사하는 언어로
골고다를 물들이고
달려오는 생명이 시작된다

냉냉한 겨울
손사래를 껴안고
눈부신 생명의 옥동자가 된다

자지러지던 뻐꾸기 소리가
옥타브 하나씩 올라 가니
씨앗 뿌리는
소녀 마음에 연분홍 꽃이 핀다

훈풍이 불고
햇살이 날리니
생명이 한 마리 나비되어
님의 품으로 들어 갑니다.

3의 신비

忍耐의 3은
인생의 꿈이요

아버지 어머니가
나를 낳으신 3의 비밀이요
창조의 기쁨입니다

파란불에 머뭇하는자
3초를 기다림이
넉넉한 미소가 되어 옵니다

실수한 사람을 보고
비난하기전 3번의 생각이
나도 좋은 사람됩니다

祈禱하고 눈뜨지 말고
3번의 감사
내 인생을 향한 음성이 됩니다.

아름다운 이야기

말해서 행복하고
들어서 즐거운
아름다운 이야기만 해요

천사의 모습을 해도
사랑이 떠난
폭탄처럼 터져
기는 말은 싫어요

우리 서로 아름다운 이야기
행복의 따스함이 흐르는
정분이 있는 말을 해요

당신이
나로 인해 좋고
나 또한 당신이 있어
서로 아끼는 마음

그것이
무지갯 빛
아름다움 이겠지요

당신의 음성이
귀에 들리네요.

태양

태양도 더위를 먹어
온몸이 불같이 타오르고

혓바닥을내밀고
헉헉대는 여름이구나

도로 정비하는 아저씨
작은 나무 그늘에 앉아
졸고 있구나

굉음 내며
달리는 차에
바닥난 뜨거운 도로의
심장을 고치느라 녹초가 되었구나

사람도 차도
정신 차리고 달렸으면
얼마나 좋을까

타는
태양에 미소를 지으며
여름을 노래한다.

영혼에 가을비가

무거운 낙엽을 짊어진
무기력에 가을비 맞는 나무 같은
묵묵한 기도를 하게 하소서
내 영혼에도 가을비가
촉촉이 내리게 하소서.

보혈

감사는 행복이 들어오고
불평은 행복이 돌아간다고
우리 심령에
속삭이지 않았던가

허물많은 영혼을
찾아 구원하시려고
강림하셨지 않은가

주님 사랑하는 성도들이
사랑으로 맵시있게 수놓은
복된 성전이어라

주께 무지개 옷을
입혀드리고 싶어
셀라를 소리쳐 부르네

사랑과 성화의 웨슬레를 닮은
경건한 성도가 되고
주님손에 올려진 이쿠수스

나의 요람 나의전부
주여 뭇영혼을 보듬어 주세요.

행복성회

은혜안개 자욱한 행복성회
말씀을 사랑하는 성도
아멘 열매가 풍성히 열렸네

감사가 충만하니
창조자의 구원의빛이 보이고
찬양이 충만하니 평안이 살며시 찾아오네

오늘은 성회의 끝날
말씀이 맛있어 눈물이 가득하니
은혜가 소낙비되어 온성전안에 만만하네

성도들의 입은 옹알 옹알
주님 감사합니다
주님밖에 없습니다
주님 행복합니다
주님 찬양합니다

임재의 기쁨
눈물샘이 수도처럼 터지니
주의 얼굴빛이 성도에게 비추고
주의 얼굴빛이 내영혼에 비추네.

주여

옛 흔적은 사라지고
새롭게 되었습니다

오직 구원의 말씀
영혼에 허락하신 축복의 주
드릴 것 없지만 고마워요 감사해요

방울의 눈물 드려요
받아주셔요

기쁨과 사랑을 받습니다
주님 구원하소서

마귀의 달변에 입맞추어
참 빛을 잃어 버린 나를
주님 구원하소서

세상을 이겼습니다
주님 부활 믿음을 주소서

죽음의 숲에서 피어나신
주님 나를 구원하소서
병든 심령을 치료하소서.

옷

처음성전의 아름다움이
빛바랜 믿음처럼 흠집이 있네

미수*壽를 넘긴 꼬부랑 성도
욥같은 기도로 성도들 마음을
감동 하고 감동하게 하네

자식들이 건내준 용돈이
주님 옷값이 되어 봉헌함에 올려지니
미수*壽 성도 옥합의 마리아 되었네

주님 감사합니다
아브라함같은 번제되게하소서
다윗같은 찬양되게 하소서

오십을 넘긴 성전이
미수*壽성도의 옥합으로 새옷을 입었네
성도들의 감사로 새옷을 입었네

주님옷이 단풍색 벽돌되어
이곳에 형상으로 나타났네
이곳에 구원주로 오셨네.

영혼에 가을비가

내린 비 머금은 서있는 느티나무
탐스러운 잎이 하나 둘 떨어졌습니다
가을비가 나무의 속살까지도 다 씻었는지

말없이 서있는 나무를 보면서
새로운 계절을 준비하는 수도자^{修道者} 같은
경건함을 느낍니다

지난 여름 성도들의 휴식과 안식의
보호막이던 나뭇잎들을
하늘은 비를 내려 남아있게 하였나 봅니다

하얀 스토르프로 잎의 경계선을 친 수고
가을비는 모든 것을 씻어줍니다
지난날의 먼지까지도 깨끗이 씻어주고
계절을 기다립니다

아무 투정도 하지 않고
묵묵히 내리는 비를 맞고 있습니다

우리 영혼에도 가을비가 내렸으면 합니다
차마 고백할 수 없는 부끄러운 사연

그냥 비를 맞는 나무 모습이
내 모습이려니 서 있습니다

가을비가 내리고 나면
남아있던 교만과 증오의 낙엽이 망각의
낙엽이 되어 떨어집니다
기억의 파편이 되어 찌꺼기 같이 붙어있던 눈물도 가을비
내리고 나면 만져도 아프지 않은
성숙한 모습이겠지요

무거운 낙엽을 짊어진
무기력에 가을비 맞는 나무 같은
묵묵한 기도를 하게 하소서
내 영혼에도 가을비가 촉촉이 내리게 하소서.

감전된 영혼

헌신으로 땀을 만지며
성전에 들어서니
감사가 온몸에 스미어온다

기도와 봉사의 흔적이
지구의 두바퀴 반을 돈다는
혈관을 타고 쉴새없이 흐른다

거기서 내가 너를 만나 주신다는
언약이 뇌를 강하게 스치고 지나간다
순간 나의 두손이 모아져 있다
주님 감사합니다
주님 사랑합니다

웨슬레를 좋아하고
복음을 그리워하는
사랑하는 기도꾼들이
감사 소리를 발산한다

거기서 복을 명하신다는
찬양시에 감전된
내영혼이 기쁜 노래를 부른다.

개척

이쁜 복음이 내곁에 온다
목포에 개척이라는 둥지를 틀고
아무도 모르는 땅에 오직 예수

항구의 그리움도 잠시
눈물샘 연신 흐르도록
골고다 기도를 하고 또 옹알 거린다

개척의 초심이
심령에 크게 자리 잡는다

믿음의 뿌리가 보이는
엘리야가 현현하듯 마냥 기쁘다

성령님
기도를 들으시옵소서
은혜에 민감하게 하소서

개척믿음이
사랑이 되게 하소서
감사하게 하소서.

아픔의 십자가

사랑 가득한
성전에서 십자가를 바라봅니다
십자가는 너무 크고 무거워
가슴이 막막해 옵니다

십자가를 지고
몸을 내맡기신 당신을
난 조그만 십자가 하나
자꾸만 뒷걸음치는 모습이 입니다

사랑 가운데 지나온 날
아픔이 아련한 첫사랑의 감격
어느새 세상 속으로 발을 딛고 있습니다

주님을 위해 옥합 하나
드림이 없이 자꾸만
나는 철부지 어린아이입니다

주님을 사랑하면서
세상을 버릴 수 없는
세상의 바다 가운데서 허우적거리며
마냥 달려갑니다

신명

새날은
삶에 축복이
있어 신명이 난다

새순 돋아내는 희망처럼
부지런함도 담고 싶습니다.
주님이 주시는 선물을
작은 마음에 담고 싶습니다

주위에 힘없는 사람
자그마한 선물을 배려로
담아주고 싶습니다 .

겸손도 담고
요나단의 사랑도 담고 싶습니다
추위 견뎌내는 인내를 담고
용서와 양보, 감사와 기쁨도 좋습니다

잘혜 보자고
곳곳을 함성으로 물들인
월드컵 감동을 한 번 더 담고 싶습니다.
신명나는 축복
내 삶을 가득 채웠으면.

전도

삼삼오오 모여
가지런히 재잘거린다
천국 석양에 돌아오는 꿈을,
즐거이 기다린다

나는 꿈꾸었노라
아침에 저물손에
새로운 어린 영혼을 탄식하면서.

동이랴, 남북이랴,
희망의 반짝임은, 별빛의 드리움은
한 마리 잃은양을 찾는 주님처럼
모두를 주님께 고르반 하리라

어쩌면 황송한 이모습을
번제로 드려라
거제로 드려라

한 걸음, 또 한 걸음
복음을 위해 가리라.

부활의 포말

꽃이 흐드러진 남녘 땅
죽음을 이겨낸 부활
온세상이 밝아옵니다

회개하지 못한 영혼
가시관 쓰고
오신 사랑을 선걸음으로 영접합니다

초목은 귀 세워 기도하고
 하얀 포말의 파도를 타고
부활을 기쁨으로 노래합니다

세상 끝나는 날까지 당신이 있어
당신이 주신 생명의 터전에서
손을 내밀어 당신의 말씀 전하는
겸손하고 수줍은 꽃잎이 되겠습니다

칼바람 나무 등걸 사이로
죽어야 다시 산다는 진리 찾아
조용한 믿음의 등산을 하겠습니다

축복의 눈물방울로
새롭게 태어납니다
셀라 셀라.

속량의 아침

무덤을 열고 찾아오신 아침
주님이 손잡으신 행복한 아침
사람들이 속일지라도
부활주님은 언약을 따뜻하게 이루셨네

언어의 무지로 행동하던 내 모습이
주님의 포근한 사랑에 자리를 찾았네
맑은 하늘 눈바람이 쏟아지네

동네 개구쟁이
벙어리손이 춤을 추고
엄마품을 찾은듯 좋아하네

땅거미가 어둠이 아니듯
눈바람이 눈바람 아니네
부활의 체온에 온세상이
갈릴리 바다처럼 잔잔케되네.

기도에 빠지라

인생의 참모습은
창조자를 찾는 것이다

기도는 영혼의 온도를
올려 용기를 주는 것이다
기도는 목마른 인생의 소원을
소망으로 바꾸는 요술쟁이인 것이다

기도는 예의는 아니다
참마음으로 참되게 부르는 것이다

기도는 사랑으로 듣고
보시는 행위에 나를 드리는 것이다

그대여
욕심을 버리라
소유에서 천국의 자유를 얻도록
그냥 울다가 기도에 빠지라.

창조

빛이 있으라
창조의 기운이 수면에 오르니
사람이 태어나
생육하고 황무지를 개척하라

삶의 신비
피와 땀으로 밭을 일구니
세상의 생명력으로
복의 근원
믿음의 아비가 되게 하신다

셀라
창조의 영이 힘이 있어라
가는 곳마다
야레*하라 하였거늘
나무로 옷을 만들고 입었구나

영의 눈을 떠
장엄한 창조를 보라.

*야레 : 히브리어)주를 경외함, 찬양함

창립創立

사랑하시기 위해
생명, 평화, 기쁨으로
주님이 머무시는곳

이웃과 가정과 영혼이
어우러진 축복의 전당

사모하는 연인처럼
보고 싶어 오고
머무르고 싶은 궁전

가정 평화
삶의 평화를 심는
예언자의 흔적이 있는 궁전

감사가 흐르는 연못
삶에 활기를 주는
영혼의 소낙비가 내리는 옥토

문이 열려 아이처럼 말하고
행복에 겨워하는 천국의
작은 정류장.

자아

마음을 불을 들고
안으로 들어가라

내 분신 땅에 드리우고
아무런 팡세없이
미련을 지우고
안으로 들어가라

마음의 불을 들고
영혼으로 들어가라
시름은 내려놓고
소망으로 들어가라

나의 삶은
복된 인생이라
감사의 터널로 들어가라

마음은 의사의 손
사랑으로 들어가라
기쁨의 엔도로핀을 발산하라.

은혜

만가지 복을
누리며 살고 있음은
은혜요
은총입니다

어버이 은혜는
가이 없는 사랑이요
보여지지 않는
은혜의 둥지입니다

스승의 은혜는
따끔한 침 같은
아픔이 있는
사랑의 우산입니다

창조주 은혜는
끝까지 붙드시는
다함 없는 사랑입니다

내가 받은 은혜는
형용할 수 없는 사랑
은혜의 바다에
마음껏 뛰노는 사랑입니다.

성가 ^{聖歌}

입을 크게 열어
저마다 맑은 소리로
창조주를 높여 찬미한다

아름다운 천상의 소리
청중이 귀가 열려
흥얼거린다

오선지의 형제
쉼표 자매들은
박자 맞춰 호흡하니
지휘자도 덩달아
신명나는 춤을 춘다

불려지는 가사는
나의 시가 되고
님을 향한 고백이 된다

사랑을 노래하자
기쁨으로 찬양하자
창조주가 영광 받는 날까지.

영혼의 단비

하늘문이 열리듯
영혼의 단비가 쉴새 없이 내린다
어둠의 대지를

거동이 힘든
어른들이 절룩 거리며
변함 없이
성전문을 여신다

입술들이 움직인다
감사합니다
은혜입니다
사랑하게 하옵소서

단비가 내린다
우리 영혼에도
흡족한 단비가 내린다

축복의 비가
성령의 비가
선교의 비가 하염없이 내린다.

신술 성전

저녁 노을
귀소할 시간을 재촉하고
길게 느러진 측백나무
곤한 잠을 준비한다

지금은
하루를 내려 놓는
홀가분한 마음이
어둠을 타고 멀리 간다

신술 성전에
두 개의 십자가가
교차하며 나를 반긴다
그분과 나는 예그리나

흘러가는
작은 바람과
현현하심이 동시에
다가 오신다

여기에
당신이 계십니다.

가을

귀뚜라미가
땅에 업혀있는
처서라는 가을이 물들었네

가을에는
오솔길과 낙엽의
속삭임이 동화처럼 시작 되네

산천은
하늘과 씨름을 하고
산마루에는 바람이 걸려 있네

가을은
낙엽과 이야기 하고
여치와 장난을 치네

살랑 거리는
바람 아가씨 미모에
푹 빠져
낙엽과 이야기 하리라.

십자가

사랑
용서
자기의 하는 것을 알지 못하는
인생을 향한 절규가 있습니다

수 많은 세월이 지난 후
이천 십일년 구월 팔일 동안 사람들은
못을 만들며
사랑과 용서의 십자가를
저만치 버렸습니다

근심의 못
질투의 못
전쟁의 못
불효의 못
불신의 못으로
예수님의 십자가를 내동댕이 쳤습니다

날마다
이 못으로
수많은 사람을 아프게 했습니다

내 손
내 발
내 주머니 마다
못들이 가득차 있습니다

십자가 주님을
가슴에 담고
사랑을 품고 살겠습니다

十字架 주님을
심비에 담고
감사하며 살겠습니다.

실수

고이 잠든 정자나무
소리 없이 찾아온 아침안개

놀란 가슴을 타고
심장이 빠르게 작동하네

공연히
죄 없는 탁상시계

고물이라고
혈압을 올려 놓으니
성도들 보기가 민망하네

말로
가르치기 보다
몸소 보여주는
솔선수범의 바울과 실라가 되게 하소서

새벽을
깨워 알게 하시고
복음만을 전하며 살게 하소서.

백두산

구름을
차고 가뿐히 돌아

백두산
영봉에 올라

땅도
솟아 오르고

하늘도
내려 앉은듯 하여라

통일 조국의
숨결을 천지에 담아

박동하지만
가까이 하기엔 먼 당신이
내 심성을
탁하게 하는 구나

내 사랑 백두야
내 기쁨 천지야.

우리 사랑 이대로

당당한 인생
후반전이 펼쳐진다

우리 사랑 이대로
세월 묻은 손을 잡고 가리라

불타는 사랑
싱그러운 가을 바람으로
사랑되어 스쳐가리라

입을 열어 운을
우리 사랑 자꾸
높은 하늘 되어 올라 간다

우리 사랑 이대로
큰 사랑이 되어

그분 품에 감사로
사랑하게 하소서
사랑품게 하소서.

고운님 만나러

따스한 바람을 타고
나비는 고운님을 만나러
꽃바람을 타고 갑니다

사랑합니다

삶을 사노라면
땀과 함께 걸어야 합니다
절망의 공기를
마실 때도 있습니다

사랑할 때는 빛나는
눈빛으로 사랑을 고백하던
그대가 많이도 달라졌습니다

땅이 꺼져라 한숨쉬며
잘드는 비수가 내마음을 찌르듯
바라만 봅니다

시간이 흐르면
회복되는 에덴을 꿈꾸며
처음 만난 시골 거리를
곱씹어 봅니다

달달한 환경에서
삶을 다하는 순간까지
그대를 사랑하겠습니다.

어설픈 사랑

사랑하는 일은 미안한 일은 아닙니다
어설픈 내 사랑은 미안한 사랑이 되어
내안에 안개처럼 찾아왔습니다

그동안 사랑해서 미안했습니다.
얼마나 많이 흐느껴야 했는지
남은 눈물이 모두 말라버렸습니다

무척이나 덤덤해진 모습에
무척 놀라곤 합니다.
어지간히 슬퍼서는 눈물이 나지를 않습니다.
사랑해서 정말 미안했습니다.

마음에도 없이 주기만 했던 당신
얼마나 힘이 드셨나요
그간 정말 미안했습니다.

사랑을 접는것이 쉽지않아
마음처럼 쉽게 접혀지지가 않아
앞으로도 기약없이 사랑하겠습니다.

사랑

지척을
분간하기 어려운 밤

태풍이 몰아치고
천지가 바람에 날려도
사랑하기에 여기 있으렵니다

세상 모두가 떠나도
당신은 내곁에 계심을 알기에
외롭지 않습니다

가난하고
배가 고파도
당신이 계시기에

가난을
두려워하지 않고
희망을 먹고 당당히 살렵니다

영혼속에
더욱 깊어지는
사랑의 귀가 열립니다.

목자

진심으로
사랑했습니다
아낌없이 격려했습니다

좋은 점
마음껏 칭찬했습니다
힘껏 기도했습니다

진실로 신뢰하고
있는대로 나누었습니다
벗처럼 교제했습니다

다함없는
마음으로 의지하고
믿음의 형제로 사랑했습니다

어느날
서운하다고
아버지집을 걸어 나갔습니다

아마도 나만의
짝사랑이었나 봅니다.

사랑의 노래

행복했으면
그저 좋겠습니다

초록예수를 넘나드는
사랑의 노래를 불렀으면
한없이 좋겠습니다

부요한 손짓이 없어도
당신의 숨소리를 들을 수 있다면
마냥 행복하겠습니다

마음 안에 오신 당신이
주가 되심을 고해성사하는
눈물의 순간
순수한 아이가 되겠습니다

바랜목에서
사랑의 노래만
부르고 싶습니다.

하얀눈

사랑은
사랑의 날들을
아궁이에
숯이 되게 하였습니다
다 타버리고 사랑만 남았습니다

사랑을
잡으려고 달리다가
허공을 치다 넘어져
장인의 버려진 도자기가 되었습니다
다 부서지고 남은 것은 사랑입니다

사랑하고 싶습니다
사랑하다가 계절이 바뀌어
하얀눈이 되었습니다
기다리고 기다리다
다 녹아버렸습니다

사랑만
덩그러이 남았습니다.

목련이랑 벚꽃

예쁜 성전
목련과 벚꽃이
향기로 영접합니다

화려한
연분홍 단장을 하고
은백색 외투를 두르고

당신의
향기를 흩날리며
나를 초청하고 부르고 있습니다

어린이들의
재잘거림이 목련과 어우러져
천국을 느끼게 합니다

주신 사랑을
입을 열어 맘껏 외쳐 봅니다

꿈같은
날을 여는
목련과 벚꽃처럼.

고운님 만나러

나풀 나풀 나뭇잎이 아니라
노오랑 나비가 숨어 있네
나비의 재주따라 시선이
개울쪽으로 마냥 달리네

날아가는 나비가
눈과 마음에 예쁜 색깔을 씌우고
나도 저만치 따라가네

한없이
행복에 빠져 곱게 단장한
아내처럼 곱기만 하네

따스한 바람을 타고
나비는 고운님을 만나러
꽃바람을 타고 갑니다

천국비람을 타고가는
인생도 나비처럼 믿음날개를 타고 갑니다

영혼의 날개를 활짝펴
성령의 바람을 타고 갑시다.

골무

어머니 사랑합니다
바람타고 세월이 오고 갈수록
어머니 허리는 낮아집니다

어머니 주름은 늘어만 갑니다
어머니 무릎은 소리만 늘어갑니다

육남매를 기르시면서
초롱불 앞에서 골무와 나누던 어머니 사랑
골무가 이탈하여 붉은색이 되어도
어머니 마음은 자식사랑 골무사랑

어머니 골무는 상처뿐인데
어머니 마음은 어떠신가요

주님처럼
어머니를 불러 봅니다

귀나이* 어머니
부를 때가 가장 행복합니다.

*귀나이 : 헬라어)어머니를 최고로 높여 부르는 호칭

신부

아무도
돌보지 아니 하여도
불러주지 아니 하여도

음성만 들을 수 있으면
나는 외롭지 않습니다
따스한 손길만 생각해도 가슴은
벅차 사랑의 통로가 됩니다

새벽 이슬처럼
다정한 당신은
홀로 길을 갈 때도
기대는 나무가 됩니다

힘들어 눈물 흘릴 때
살며시 닦아주는 당신은
마음에 속살까지 보시는
님의 눈길이 행복입니다.

하얀 드레스

하얀 드레스
자태를 뽐내고 있는 목련

분홍치마로
곱게 맵시를 낸 진달래

수줍어
얼굴을 붉히며
조용히 미소를 한다

찬 겨울을 이기고
흐드러지게 핀 꽃들이
자랑하듯이 화관을 썼네

땅을 차고 이긴 기쁨
주님의 부활의 기쁨이네

복음의 하얀 드레스
감사의 분홍치마
천국의 화관을 쓰고
영생을 누려 보자.

당신

진심으로 사랑하는
사람을 만나면
그 사람은
사랑 냄새를 풍겨야 한다

사랑하던 사람을 만나면
미소를 지으며 감사하라
그 사람은
사랑을 알게해준 사람이다

미워하던 사람을
마주치면 빙그레 웃어 주라
그는 당신을
강하게 해준 스승이다

지금
당신과 함께하는
누군가가 있다면
감사하고 감사하라

당신은
지금 가장 행복한 사람이다.

편지

그리울 때면
매화 꽃잎에 편지를
띄우겠습니다

타오르는 정열을 다해서
바람에 떠 밀려 누운 낙엽같은
내 영혼은 주님, 사랑합니다

청아한 하늘에 살포시
부서져 내리는 햇살처럼 드립니다

겨울이 오기 전
영혼을 덥히는 불을 지피며

마음의 창을 내고
기도의 옹알이를 하겠습니다.

사랑의 기름

사람
필요한 것은
다함없는 사랑입니다

사랑은
모양도 영웅심도 없고
사랑 안에는 사랑만 있습니다

길손을 비추는
등불이 어떻게 빛날까요

적은 양의
기름이 부어지고 타고
사라지는 순간
여전히 밝습니다

이 시간
내 모습에 감사의 기름을
마음에 담고 나누고 섬기는
여전히 밝은 친절한 언어가 필요합니다

사랑의 기름
친절한 언어.

눈물

아이를 창조한
어미의 눈물은 아름다워라
그렁그렁 눈물이
자식을 향한 기도

두눈에
하얀 물줄기 되어
절절한 고백이 기쁨되어 흐르네

눈썹에
맺힌 엄마의 눈물
은망울이 되어 은혜를 느낄 때
성소에서 생수가 흐른다

복이
하늘에서 쏟아지는 날

스물스물 일어나는 기쁨
함박 눈물 꽃이
가정에 행복의
칸타타가 되어 울리고 있네.

행복의 노예

당신은 돈보다
마음을 보여라
가능성을 믿어라
지혜를 붙잡고 땀을 닦아야 한다

귀인을
만나려거든
다름 사람에게 귀인이 되라

솔직하게 말하고
진심있는 행동을 해야 한다

인생의 도로를 즐겨라
자신감을 가져라
칭찬과 격려를 입에 담고
승리를 외쳐야 한다

운명보다 땀을
인생을 낭비하지 말고
행복의 노예가 어떨까.

연못

마음
작은 풍선을 날려

이웃들
불러 모아
호박죽 맛을 보리라

작은 연못에
사랑하는 사람들을
어항처럼 품으리라

작은 숨결
그 안에 있어
행복의 이끼를 모아
콧노래를 부르리라

마음에 작은
은색 너울을 타고
꽃과 나비가 춤을 추리라.

그리운 벗

내마음에 머무는 벗이
완도의 오솔길로 애타게 부른다
명사십리 불가사리처럼
순수한 미소가 아름다운 친구야

눈만 쳐다 보아도 가슴뛰고
옆에 있어도 좋은 벗
코와 입의 조화로 맑은 소리가
내마음에 머무는 벗이여
해가 저녁 노을로
채색할 때 볼 수 있으려나

순진하던 네모습이
세월이라는 잔꾀에
흘러 저만치 떠내려 갔구나

친구야 미소를 날려라
친구야 커진 손을 조그맣게 만들어 보아라
영혼에 오솔길로 두 손 포개고 걸어.

눈송이

차량 너머 하얀눈이
눈꽃 되어 내린다
눈송이 그림처럼 온세상을 덮고
더러운 마음이 하얗게 된다

눈꽃된 창조자가
눈 풍선으로
하늘 사다리가 걸쳐 있다

눈송이에 빠져 아이인양
30년을 사랑을 나눈 친구
행복한 사람의 입이 열린다

어머 영화같아
연인 처럼 손을 잡는다

내리는 눈을 따라
친구 사랑도 깊어만간다

소리없이 눈처럼 주님을
눈송이처럼 감사하며
눈송이처럼 야레하며 영접한다.

사랑의 그물

처음부터
사랑을 알았다면
내찢긴 사랑에 울진 않았을 텐데
수선 받고 싶은
내 사랑을

조금 더
촘촘히 깁고 꿰매서
다시는 이런
내 부족했던 사랑을
수선 받고 싶다

앞으로 더
지극한 정성으로 잘 떠진
당신에게 선물하고 싶은
사랑의 그물이 되고 싶다

그래서 더
그대가 던져준
사랑의 그물에서
눈먼 물고기가 되어
마냥 행복한 물을 마시고 싶다.

버림

내손을 움켜
손에 든 것 없이
빈손 되어 홍색이 되었습니다

그대를 사랑하게 된 날
내 모든 것을
아낌없이 사랑하는 이름으로
내려 놓았습니다

내 가진 것 몽땅 다 주고도
더 주고
혹시 모자라지 않은지
자상한 사람이었습니다

그대여
내 가진 것은
아무 조건 없이
가져가 주십시오

그래야만 처음 약속한 것들을
조금은 덜고
행복의 집을 지을 수 있겠습니다.

실개천

맑은 물이
오리가 쪼아대는
물보라에 화들짝 놀란다

손을 잡은 행복한 부부
흐르는 물에 사랑이 반사된다

앙증맞은 개천이
하얀 속살을 보이며 외친다
행복하세요

아침 공기가 좋다
맑은 물이 좋다
물방개가 물을 차고 분수를 일으킨다

실개천의 기운을 입어
달리는 자전거 더 멀리 간다

실개천 물은
한밭 사랑을 싣고
조막돌을 따라 흐른다.

섬기는 사람

고집을 감추면
평안의 편지가 되고
체면을 버리면 향기가 되네

자존심을 버리면
소금같은 인생이 되고
욕심을 버리면 행복하네

생기있는 희망은 역사
반석같은 인내는 미라클이 되네

섬김을 귀하고
존귀한 자의 이름
배려하는 삶은 감동

섬김
그분이 가신 헌신

섬김으로
이웃의 손을 잡으면
희망이 너울 거리네.

관심

관심은 사랑이고
사랑은 허물을 덮는
풍성한 보자기

작은 관심은
행복의 씨앗입니다

먼지도 태양을
받으면 빛을 발한다
만물은 사랑의
대상이 되는 순간
창조가 된다

관심은
눈길을 주는 것이다
관심과 사랑은 비례한다

작은 관심으로
기적을 창조하는
작은 설리번이 되었으면.

만리 장성

학의
옷깃인가
창조의
신비인가

청백의 물결이
감몽*의
본이런가

하늘을 차고 내려
시선이 되었는가
천지 휘감아 정동했는가

사랑한다 만리장성
아름답다 만리장성.

*감몽 : 感夢- 꿈꾸는 느낌

기쁨

감출 수 없고
묻어둘 수 없는
기쁨이 오면
설렘으로 마음이 흔들린다

그 사랑은
당신의 그것만 못합니다
살포시 웃는
당신이 주는 기쁨입니다

밀물처럼
찾아오는 정겨움
홍수처럼
밀려오는 고백은
사랑의 옹알이가 됩니다

늘 곁에서
칭찬으로 새 힘을 주는
고운 마음에
기쁨의 휘파람을 붑니다.

패랭이

오랜 장맛비의 심술에도
연한 분홍으로 단장한
패랭이 네 꽃망울을 보며
푸른 마음을 심어본다

마당 끝 척박한 땅에
들판에서 이사온
작은 풀꽃

봄은 낯설기만 한데
지으신 이 창조를 따라
분홍 마음으로 심어진다

야, 아름답다
풀이야, 꽃이야
작은풀이 보석되어
찬연한 꽃망울이 터진다

흩날리는 꽃향기
풀 피리 내려 놓고
매미의 찬가로
풀꽃들을 여왕으로
소리 높여 송축하네.

빗방울 소리

나뭇잎에 사뿐히
떨어지는 빗방울 소리를
들어 보셨는지요

나뭇잎을 타고
흐르는 빗방울 소리는
당신의 마음과 같습니다

나뭇잎을 반주하는
빗방울 소리는 왈츠요
시보다 더 필력이 좋습니다

나뭇잎과 빗방울의
잘 맞은 화음은
잠결에도 새힘이 납니다

당신과 함께
빗방울 소리를
듣고 싶습니다.

평화의 마음

평화를 찾아
너그럽고
걱정이 없는
한없이 감사의 사람 된다

평화로운 자는
행복하게 산다
평화를 찾는 자는
여유와 배려로 산다

평화를 위해서는
보고 듣고 말하고
차분과 열정을 품어라

평화의 결실은
땀이요 축복이다.

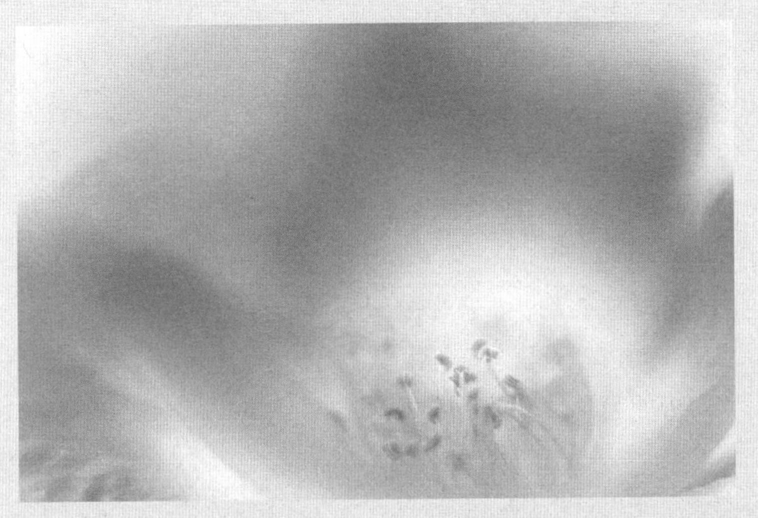

가장 아름다운 곳

행복 냄새 나는 곳
하나님이 주신 가장 좋은 곳
너는 행복자라는
하나님 음성이 들리는 곳

아이들

하늘은 높고 푸르다
이십칠명의 조국의 새싹들이
붕붕차에 몸을 싣고 달린다

정금같은 눈망울을 굴리며
풀장으로 잘도 뛰어 든다
도우미들이 놀라 화들짝 미소를 띈다

아이들의 대모 큰입이 움직인다
호령에 따라 잔잔한 파도처럼
조그마한 뇌를 타고 흐른다

창조의 신비인가 보다
아이들 놀이에 다함이 없는 물
물만난 아이들이 저렇게 좋을까

행복하고 꿈같은 하루였다
물에 둥둥 떠있는 개구쟁이가
기다리는 집으로 돌아온다

작은 차에 몸을 싣자
소박한 아이들 옹알거리며
꿈나라로 간다.

엄마 흔적

엄마
나는 어디서 왔어
어디서 왔을까

엄마의 뱃속
그럼 어디서 생겼을까
엄마의 흔적을 먹고 왔는가

어디서 온 것을
안다고 엄마를 알까
누군들 큰소리 치며
엄마 앞에서 당당할수 있을까

외나무 다리같은 인생길에서
헛것을 집고 가는 것이
엄마의 흔적을 얼마나 알까

엄마
엄마는 왜 말을 안했어
자녀들이 엄마를 붙들고 야단이다

흐르는 물 한잔
무릎꿇고 드리는 것이 어떨까.

가족

이리도 좋을까
어쩜 이처럼 좋을까
세가족이 모였다

아름다운 미소 마린로몬로
꿈같은 포옹을 하며
너무 좋아 항구가 진동하네

흐르는 세월에
묻힌 모습이
아름답고
추억이 봇물처럼
재잘거리는 입을 타고 들어오네

온통 방안 가득히
여러 잔상들이 웃음꽃이 되고
성장한 아이들 모습이
박장대소하게 하네

모여라 세가족
웃어라 세가족
칭찬의 기적을 기대하라
행복의 기적을 기대하라.

친절^{親切}

남을 편하게 하는
타고난 미소

사랑을 표현하고
아끼고 보듬는 인생
행복 만드는 친절의 향기

친절의 다른 이름
창조주가 주신
마음의 행복한 미소

달콤하고
편안한 안식의 자리
친절의 모습이다

누구든지
친절함은 멋쟁이요
사람의 본 모습입니다

친절하라
사랑을 표현하라
가족을 편하게 하라.

아침 정원

여명 끝에 들려오는
초가을 새소리
조용한
아침을 깨운다

분주한 풀벌레
아침 정원을 돌보는
삼색 고양이
정원의 청소부 아침이슬

밤새도록 내린
영롱한 물빛 자랑
아침공부 나가는
옆집 학생 발자국소리

종종걸음 약수터 찾는
죽마고우 할머니 소리
또
시작된 하루

착하게 살자
아침인사가 정겹다.

아버지

기분 좋을 때 헛기침을 하고
힘들 때 너털 웃음을 웃는 아버지

기대만큼 자식들이 못할 때
쓴 웃음을 웃는 온유한 아버지

아버지의 마음은
먹칠을 한 유리로 되어 있나
아버지의 마음은 왜 보이지 않을까

이른 아침
아버지가 머무는 곳은
정감 있는 장소는 아닙니다

아버지는
자식이 결혼할 때
한없이 울면서도
얼굴에는 환한 웃음을
나타내는 요술쟁이.

자궁

사람은 자궁에서
한줌 공기의 환영을 받고
울음으로 화답한다

인생은
어미의 희생으로
자라

공기의 신세를 지다가
토지라는 자궁에 묻힌다

애간장을 녹이는 미색도
인생의 굴레를 벗어나
따스한 자궁을 피할 수 없다

자궁인
여보를 사랑하고
토지라는 자궁에 묻힐때

또
다른 출생을 소망
행복한 자궁을 사랑하자.

입영하던 날

스산한 연병장
엄마 날씨가 꼭 내맘 같아요

차마
떨어지지 않는 발걸음
멀어져 가는 모습
그 순간 눈물도 잊었네

아쉬움
이별을 재촉하고
초청하지 않은 먼지만 자욱
초점 잃은 시선으로 돌아서네

다가 설 수 없는 안타까움
메인 목을 내려 놓으니
보릿고개 넘나드는 몰골이네

스산한 바람이 눈물되어
조각 조각 가슴속에 파고 들고
꼭잡은 아내 손이 진동을 하네

빈방
남은 그리움.

걸레

처음은
더럽지 않았어

문지르고 또 문지르고
몸을 아끼지 않고
손과 발이 다 상처 뿐이네

얼룩 찌든때
맨몸으로 밀고 닦으니
몸에 불이 나고
온몸에 고통이 말이 아니네

깨끗해진 우리집
바라만 보아도 신선하고
오가는 사람 좋아하네

사람들아 코웃음 짓지 마소
아름다운 모습은 아니지만
쓰임받는
나는 기쁘고 족하다

거르고 걸러
격려와 칭찬의 입술이 된다.

어린이 잔치

오색풍선으로 수놓아
앞서가시는 하나님이
임재하시는 소리가 들린다
삼삼오오 천국문을 열 아이들이 몰려든다

밤에는 불로
낮에는 구름으로
인도하시는 하나님이 기뻐하신다

꽃보다
아름다운 아이들이
입을 열어 재잘거린다

순수한 아이들 모습
충성하는 교사들을 복 주시리라
감사하는 교사들을 보호하시리라

이이처럼
순수 복음을
성령 복음을 전파하라.

소풍

소풍 가는 날
오랜 꿈으로 풍선이 되고
밀려오는 신비의 여행

엄마
장바구니 곁눈질을 하며
긴긴밤을 하얗게 수놓았었네

코 끝을 지나는 바람이
온몸에 찬기운을 주는
이 밤이 지나면
좋은 여행이 기다리네

친구들과의 수다
넘치는 웃음
하늘을 향해 터트릴 불꽃

마음은
설렘으로
빨간 장미를 품고
꿈나라로 가고 있네.

명절

벗어 놓은
신발 용량 초과로
문밖에 긴 줄 서있고
할 일 없는 삼촌
시시콜콜 잔소리 하고 있네

백발 며느리
무엇을 준비해야 하나
머릿속이
여러 생각으로 어지럽네

나물과 전
콩나물과 된장
오색 반찬이 주인을 기다리네

금강산도 식후경
행복한 투정하지 말고
감사의 떡국
축복의 식혜를 마시며

감사하는 우리 가정이 천국
나는 그분의 자녀가 아닐까.

수술

미소가 충만한
당신의 딸이 수술합니다

수술을 담당하는
손을 주장하사
수술 잘하게 하소서

친히 개입하셔서
수술하시고 치료하여 주소서
가정과 영혼을 윤택하게 하시고
범사에 감사하게 하소서

오늘
수술하는 딸 마음
성령의 위로와 평안을 주옵소서

오늘
치료받고 회복되는 날
행복하고 감사하는 날

주의 따스한 손이
필요합니다.

남편 사랑

사랑은 관심이요
섬김이다
아내는 남편의 사랑을 받을때
얼굴에 미소가 돌고
보람을 느낀다

아내가 인생 칸타타에서
기립박수를 받아도
곁에 있는 단 한사람
남편의 칭찬의 박수가 없다면
행복할수 없다

칭찬은 죽은 여자의 심장도
뛰게 한다고 한다
아내를 심중에 아끼고
칭찬하면 얼마나 좋을까

서로 행복을
기대하고 산다면
마음의 심연에서
사랑해요.

빈 두레박

내마음
비어 있고 채울 수 있는
비어 있는 두레박이 되어 물흐르게 하고

은혜의 강물에서
사랑을
영원히 퍼올리게 하소서

사랑의 우물
축복의 우물
은총의 우물

기쁨의 우물
길어 올리는
빈 두레박이 되게 하소서

마음의
소망을 담는 두레박
도고와 기원
바램과 소원을 퍼 올리는
응답의 두레박이 되게 하소서,

가장 아름다운 곳

차가운 바람의 소리
절기중 한로^{寒露}의 소리를 담을
가정은 하나님 주신 가장 아름다운 곳

행복 냄새 나는 곳
하나님이 주신 가장 좋은 곳
너는 행복자라는 하나님 음성이 들리는 곳

사랑의 사람들로 이루어놓은 파라다이스
하나님 창조의 신비는 무궁하여라
남자와 여자는 창조자의
신묘막측한 능력의 손길이리라

가정은 정이라는 뜰이 있는
에덴동산이라는 정원이다
가정은 수많은 찬미소리
찬양소리 가득한곳이다

가정은 행복의 소리
감사의 소리가 가득한 곳이다
믿음 후예로 세계를 진동하는
복음의 바람을 날려라.

정情

친근함이
좋다

정은 사랑
사랑은 달콤한 정

님의
순정과 고백에
정이 온다

즐거운 사랑의 애정
행복의 미래가
채색이 된다

그대의
속삭임과 보살핌에
정이 들고

조용히 생각해요
사랑은
영원한 오솔길
정만 잡고 갑니다.

새해 첫날

아침이
나를 향해 달려오는
가쁜 숨소리

날들을 향해
쉼없이 달리고 달려
달궈진 용광로의 쇳덩이처럼

체온과 분신
뚝뚝 흘리며
솟아오른 새해를 달려 갈 것입니다

동해 수평선 너머
눈부시게 떠오르는 해를 맞습니다

어제까지의
온갖 어둠을 살라버리고
태초의 솟아오름 그대로
한아름의 햇덩이가 솟구쳐 오릅니다

새날의 꿈
힘찬 출발 고동 소리를 울리겠습니다
님의 품으로 들어 갑니다.

春

하늘과 땅이
손을 잡는다
겨드랑이 한편에서
후끈한 내음이 연신 나온다

함성의 광장이
잔잔한 바다되어 흐르고
지금처럼 아지랑이
눈에 들어 온다

수줍어서
한동안 말이 없던 꽃들이
저마다 기지개를 펴며
꽃향기를 발산 한다

봄은
창조하신 분의
신비인가
봄의 향연에 감사 드린다.

행복한 사람 꽃

행복
그 이름은 따스한 눈길
모란 꽃 모양이 아름다운 들
옹알대는 아이 만큼은
아름답지 않다네

바라보는 밤하늘의 별
불꽃 섬광의 번쩍임이
사람꽃 처녀만큼은
아름답지가 못하네

잃어버린 자신
깨닫는 마음은
나르는 나비의 행복 보다
더 나폴 거리네

잉어가
입을 벌리고 자랑해도
소소한 일 감사하는
사람의 입과는 바꿀 수가 없네

사람 꽃
흉내 낼수 있는 것
세상에는 아무것도 없네.

문말

달구지가 달려 오고
벙어리 바람들이 몰려 온다

아버지의 회초리
내 고향 문말이 뇌리에 온다

여기는
살아갈 만큼만 땅을 일구며 살던
모진 물세례에 달아빠진 작은 밭떼기
내 고향 문말임을 알게 한다

채 베지 못한 옥수수의
노란 피부가 그네를 타고
한 움큼의 햇살이 나를 반겨
내 생명의 터라고 말해준다

손바닥 만해진
동네 우물이 누워
나를 붙잡고
눈물 훔치게 한다.

어머니

보이는 부모
잘 섬기는 것이 죄를 범치 않는 일이요
땅에서 잘되고 장수하는 첩경인걸

존경하는 어머니
사랑하는 어머니
모진 풍파속에 팔십 평생 어머니
한 그루 겨울 나무 같습니다

기도하시는 어머니
기도 눈물
제 얼굴이 많이도 먹었습니다

영혼속에 용솟음치는 강렬한 믿음 힘
모두를 다 주시고 새싹을 내고
열매가 되어 아들을 풍요롭게 하심은

일편단심 어머니 기도
연단 받은 어머니 기도 덕분입니다

어머니 모습을 닮아가며
어머니를 사랑합니다.

보배 가정

보배 가정은
초가집 처마 밑 거기
사랑하는 자가 있습니다

자녀들이
순종이 넘쳐
보배 가정의 단추입니다

자녀들 마음 안에
야심찬 미래가
보이기 때문에 보배입니다

늙고 병드신
부모님이 누우신 자리
향기를 넘는 효입니다

사랑하는 가정은
웃음이 흐르는
사랑이 환호합니다.

한마디 사랑

사랑은 관심
관심은 감사를 낳는다

감사합니다
머쓱하게 하고
감사합니다 라는 말
입에 물고 있으니 참 걱정이다

텁텁한 사회
청명 사회로 변화시키는
감사합니다 라는 말

굳은 얼굴을
환한 웃음으로
바꾸는 것은 입술을 타고 나오는
감사합니다 라는 말 한 마디

감사합니다
감사합니다
감사합니다

그말 한 마디가
행복과 기쁨으로 물들이네.

미소 훈련

미소는
당신의 인격이요
행복해지는 훈련입니다

미소로
웃음보를 자극해 보세요

당신의 얼굴은
이미 만개한 꽃입니다

상현달처럼 둥글게
눈을 떠 보세요
양볼이 움직이도록 미소훈련을 하세요

거울 앞에서
미소를 짓고 인사해 보세요
미소는 당신의 행복
당신의 성공을 사인하고 있습니다

미소의 향기가
세상에 가득할 때까지
다함께 미소훈련, 스마일~

대화와 사랑

마주
대화를 나눌 때
상대방의
말을 귀담아 듣게 하소서

정 가득한 눈으로
진실한 눈빛으로 바라 보게 하소서
마음과 마음이
오고 가게 하소서

청결한 심령을 열어
감정을 넘은 내면을 말하게 하소서
사랑이라는 그림자가
드러지게 하소서

서로 마음에
대화 꽃을 심어
영화 속에서
사랑이 여물게 하소서.

겸손

배려하고
마음을 쓰는 자가
겸손의 둘도 없는 친구다

여유가 없고
두려운 마음으로
사는 것은
욕심이 앞장서기 때문이다

겸손은 땅이다
밟고
누르고
파 헤쳐도
땅은 말이 없다

자신의 믿음이 좋다고
남을 섬기지 않는 자는
십자가
겸손을 닮지않은 졸부

부디 겸손하자
긍휼을 노래하며 은총의 품에 살자.

새날의 시간

한 조각의 빵을
얻기 위하여 땀을 흘리고
한 잎이 자라기 위해 트림을 하고

새날을 위해
이밤은 어둠의 산고를 겪네

단풍

단풍이 좋아
내장산 단풍이 좋아 취해 버렸네

예술쟁이들이 자랑하듯
형형색색의 옷을 입은
이곳은 꿈인가 했네

보며 아름답고 향기도 이름답고
만지기도 아름다워
선걸음 사이로 단풍이 애교를 부리네

단풍에 물든 사람들
행복에 물든 사람
초연한 단풍사람이 아닐까요

남원골 산자락
그분이 오셨는가

다함없이 마음이 설레고
순진한 사람
창조자의 현현에 온종일 감사하네.

단풍

해금강

하늘 아래 첨탑같은 물보라
솟아오른 절경은
 하나님 창조의 손길

선장의 구슬픈 사랑의 입담은
마냥 정겹고 신비 자연은
예술품되어 눈에 잡히는구나

농촌부엌닭은 부엌굴을 스치며
사랑하는 영실님의 눈망울에 행복이
갑돌 갑순이 바위를 쫓아가는
사랑의 파도가 되는구나

해금강 너 해금강아
바람과 물이 섞여 네가 되었구나
네이름은 아름다워라

영워히 비경이어라
네 친구 파란 물보라가 경이로워
해금강에 파도이고 싶어라.

차량

차가운 공기 내품으며 오르내린다
새벽 차량 문에 다 다르면
은은한 찬양내음
감사소리가 합창을 하네

이른 아침 차량은 은혜로
다비다가 운전을 하고 있네
오랜 세월을 안전으로 인도하심
감사의 입술 주님만 연신 부르네

팔순의 성도는
감사 허리로 상봉하네

성도들의 희노애락을 알고 있는
너는 분명 우리의 안내자

행복과 믿음을 전하는
기쁨의 멘토

말없이 네 발로 봉사하는
너는 우리 가족
너는 우리 행복.

동문골 들녘을 지나며

어쩜
이리도 깨끗한 하늘

물들이는
해질녘 노을처럼
온 강산에
골고루 뿌려 놓았구나

여기
봉서산 들녘은
창조의 기쁨 그대로구나

주를 바라보는
작은 웨슬리

구원의 말씀
가슴을 울렁이게하는
그사랑의 말씀

온세상을 헤집으며
주의 사랑으로 붉게 물들이는
종이 되고 싶어 옹알이 한다.

소중한 나

작은 물이 바다를 만들고
먼지가 모여 산을 이룬다

작은 나의 감사가 사랑이 되어
맛사이의 희망이 된것은 주님의 은혜다

주일아침 연화가손모아 옹알거리고
일곱 살 장미는 제법 기도소리를 낸다

내 눈가에도 손수건이 오가고
소중한 아이 옹알기도 제법 잘 한다

헛간에 고양이 소리
장담하는 베드로처럼 나를 놀라게 한다

나는 죄인입니다
나를 떠나소서
내가 주님을 사랑합니다.

구름

구름이 쉴새없이 흘러간다
구름이 한달을 채우려나
초리골 밤나무사이로 잘도간다
흔적을 남겨 파란생명을 만나려고 말이다

졸부들은 난리법석이다
케냐 맛사이는 축복이라고
환영하고 온통 축제인데 말이다

여전히 내리는 비
하얀 물안개 갈아입은 모습이
누이 시집갈 때 새색시 모습이구나

구름아 가는비야
네 모습이 아름답구나

호박잎가에
살포시 내려앉은 너
생명이 시자과 끝인 너를 사랑한다.

보리수 향기

뜨거운 바람이 장마비되어
내리고 또 내린다
내 영혼은 아이처럼 부풀어 있는데
이른아침 수술침대에 누워 기도를 타고
하염없이 흐르던 성도의 눈물이었는가

비를 몸으로 체휼한
보리수 너는 왜 이리도 먹음직한가
반가운 친구를 만난듯 연신 꼬리를 흔들면서
자기 존재감을 드러내는 동네 강아지
빨간 보리수에 취했는가

연아보다 더많은 원을 그리며 돌고 또 돈다
보리수 네 자태는 왜 이리 아름다운가

네 다리에 물 포음을 내는구나
사람들은 인정도 없이 빨간 너를 탐하는 구나

보리수야
너는 섬기는 모습이 창조주를
주는 것이 그분을 닮았구나.

우간다

마음이 아프다가
눈물샘이 쏟아진다

병과 가난을
열세살 엄마가 흐느낍니다
내 영혼이 고동칩니다

창조된 은혜를
보답 못한 내 모습이 부끄러워진다

선교의 발을 움직이고
영혼의 땀을 흘리리라

하늘 새털 구름이
우간다의 영혼을
더욱 그리워하게 한다

일신
주만 위해 살리라.

휴양림

구름을 타고
행담도를 차고 넘는다

잘도 뻗은 해송들이
일행을 온몸을 흔들며 환영한다

핸썸한 가이드
기자 생활에 지쳐
여기 휴양림에서 휴양을 한단다

안면도의 향기
그윽한 숲속의 내음이
우리 일행을 행복한 꽃으로 만발하게 한다

아직도
가쁜한 발걸음으로 팔각정에 오르니
비경에 감동을 먹고
안면도가 내눈을 순간 삼켜 버린다

천연 휴양림의 가치는
육십오조 구천억
고맙다 안면도
사랑한다 우리 조국.

자불라니

아이가 눈을 교차하며
사랑을 교환한다
공을 차는 사람들
연신 땀을 뿌리며 잘도 달린다

푸른잔디에 넘어지면 손잡아주고
부딪히면 미안해 미소짓고
목양일념하는 분들이 존경스럽다

공이 들어가도
안 들어가도 마냥 좋아
기도 세레모니를 한다

내리는 햇살도
시원스레 부는 바람도
오늘은 은혜받은 모습이다

서로 모여 기도하고
찬양하는 소리
복음화하는 시작이리라.

소나기

하늘 한복판
온 세상이 불덩이로 변한다

님
기다리는 사슴 목이
되어 기다린다

다 자란
기린목 되어
기다리고 또 기다린다

기다림은
잠든 바람을 깨운다

바람은 뛰어가
친구 소나기를 몰고 온다

여름 한복판은
살맛나는 세상이 된다

영혼을 깨우는
성령 바람을 기다린다.

톰슨가잰

광야
끝도없이 펼쳐 있습니다
톰슨가잰의 평화를
지킬 수만 있다면
제 삶은 헛되지 않아요

한생명의 아픔을
덜어주고 고통 하나를
식혀줄 수 있다면

힘이 다해 가는
종달새 남매를 둥지에
올려줄 수만 있다면
얼마나 행복할까요

선교 오지
아프리카 초원
톰슨가잰 풀을 줄 수 있다면
얼마나 축복일까

사랑을 입은 행복자
초원의 톰슨가잰입니다.

심장

먹구름 몰려오는
약한 인생
모질게 못난 인생
부끄러운 어항에 갇힌듯하다

신앙의 추위와 주림 속에서
믿음의 뼈를 곧추세우게 하시고
감사 없는 만나를 먹지 말게 하시고
여전히
심장의 소리에 감사합니다

살아남게 하시고
찬양하게 하시고
거기서 만남을 약속하신
전에 머물게 하시니
긍휼하신 그분 사랑 아닐까

오늘도
숨찬 내 심장을
감히 운행하게 하신 이
당신의 뜻을 알게 하소서.

입춘

하얀 봄비 사이로
볼에 적시며
쉼 없이 걸어봅니다

새로 포장한
새벽길을 걸어
봄내음에 귀 기울인다

봄비내린 자욱에
찍힌 발자국을 돌아보며
환한 미소를 지어본다

걷고 또 걸으면
그분의 축복이 찾아오길
소망하고 기대하면서 말이다

주님 은총 구름을 타볼까
선교의 풍선을 날려볼까

봄내음이
진한 주님 보혈의 내음이 되어
현현하셨네.

희망의 바람

물 폭탄이 강산에 강림
인재다 천재다 입 씨름
우매한 인생의 인과응보 아닐까

일어나라 대한민국
깨어나라 한반도야
은근과 끈기로 땀흘려보자

누더기를 싣고 가는 희망버스
물폭탄이 스승되어 가르쳐주신다
앞으로 기대와 소망으로 살아보자

희망버스야
삼천리 금수강산을 싣고 가라
진흙으로 초토화
우면산을 싣고 달려라

그리운 금강산을 부르며 달려보자
어린아이 처럼 웃어보자
이쿠수스의 감사로
희망의 작은 버팀목이 되어보자.

항아리 격려

거룩한 두려움이 몰려오고
작은 빗소리가 마음에 뿌려진다
인생 멘토 선배가 축하한다고
항아리 난을 보내왔다
항아리처럼 소박한 글을
쓰라는 격려의 의미가 전해진다

하얀 세포가 생각을 지배한다
쉰 넘은 인생의 날개를 펴며
신비한 글 친구와 씨름을 한다

작은 땀에 전화선이 연신 노래를 한다
감사합니다 고맙습니다
모든 일을 침묵으로 섬기던 손이
주위를 살피며 잔잔한 미소를 짓는다
작가의 이름 때문일까
당당하던 모습이 애처로워 보인다
달라진 위상에 다시 한번 놀란다

초대하지 않은 손님이 왔나 보다
운동도 힘을 빼야 정도로 한단다
다비야 한국문단을 살찌우고 살찌게 하라.

하늘

오던 비가 마실을 갔구나
청명한 하늘 장미 한다발 건네고 싶다

해가 얼굴을 내밀며
미소를 짓고 흥분한 매미가 재잘거린다

정분이 닿은 잠자리 한쌍이
호박잎 위에서 사랑을 나눈다
해가 반갑다고 미소를 지으며 나무를 부른다
기분 상승된 정자나무가 너무 좋아
바람과 손잡고 몸을 흔들어 노래를 한다

달포만에 온 손님을
영접하느라 온 세상이 분주하다
이름없는 주먹만한 동네 강아지도
상모돌리는 사람을 흉내내며
반갑다고 연신 원을 그린다

길 건너 클로버는 벗을 만난듯
평안하냐고 세손을 휘저으며
안부를 묻는다.

울지 마라

힘들어 지쳐도
눈물 흘리지 않으리라

마음에 사면초가의 바람이 불어도
희망을 잡고 노래 하리라
당신은 금수강산
걸작품이 아니더냐

사방으로 싸일때
한반도야 울지마라
꿈의 독도를 넘보지 마라

조국아
형형색색으로 채색하신
낙심의 갑판위에서
꿈을 노래하라

조국아 아플때 울지마라
아픔의 주사를 맞고 일어나라
한반도야 울지마라
홍익인간 우리 조국 일어나라.

벤자민

장마 끝자락을 잡고
농부들의 수심이 주름살이 된다
설상가상의 등을 타고 비가 내린다

오지랖 넓은 벤자민
힘을 잃고 쓰러져 손 구급차를 타고
한자리를 서재실에 펴고 누웠다

쏟아지는 비에
힘을 쓸 수 없는 너
쏟아지는 상념에 정신없는 나
도움을 주고 받으며
철부지 아이처럼 소리없이 웃어본다

두발로 선 너는
그 향기 그대로구나
벤자민아 지구환경을 살려라
네 용기에 물만난 지렁이가
요리저리 재주를 부린다.

호박잎

호박잎아
철조망 넘어 너를 기웃거린다
짝사랑하는 꿀벌이 있어
행복한 것 같구나

주위를 끝도없이 도는
호박잎 너는 내 사랑, 내 노란별
옹알거리며 사랑의 날개짓을 하고 있구나

네가 차고 올라간 담장너머
연한색으로 치장한 옥수수가 부른다
네분신 베타가로틴을 창조자처럼
마지막 한방울까지 섬겨
노란 생명으로 부활했구나

노란별 분명 너는 창조의 걸작품
피부에도 더위에도 좋다는구나

호박잎아
보약중에 보약
노란별 손잡고 행복의 꿈을 꿔볼까.

말복

무더위를 식히려고
하얀비가 내린다
가마솥 더위가 입추를 보자
큰 품에 달싹 안긴다

남 섬기는 것이 좋다는
칠순의 행복 부부의 전화가 분명하다
말복에 보양으로 기운 차리자는
배려와 사랑이 전화선을 타고 흐른다

조용히 밀려오는
땅거미를 등에 엎고
문을 두드리고 있다

맛있는 냄새가
행복한 미소를 띠고
한상 가득 나를 부르고 있다

말복을 넘는 웃음소리가
깊어가는 밤을 재촉하고 있다.

난 꿈의 사람

꿈은 이루어진다
희망끈을 꼭 잡는 것이
꿈이라는 선물이다

만남의 행복이
꿈의 활화산이 되어
삼복 더위에 쏟아지는 단비가 되었다

전화선을 타고
덕담 오가는 소리가 정겹다
박장대소하니 꿈이 온 것을
뇌세포가 인식한다

난 꿈에 사는 사람
엄마 기도로 꿈을 배웠고
학창시절 유관순 선배의
꿈을 품었고

인생의 두 번째 꿈은
아름다운 목양의 터에서
조국 문단을 깨우는
노벨이 되는 꿈을 꿉니다.

욕심

내 모습은 순수한
사랑이 머물지 않는
교만한 욕심이었습니다

짐이 많은 무성한 가시덤불
의미없이 사는 세월에
육신의 비상 신호가 들릴까
보조개 나오도록 웃어봅니다

육신의 운명보다 영혼의 운명이
정작으로 두려웠습니다
힘겹게 살아온 세상을 이기고
영혼만이라도 행복하고 싶었습니다

이슬비에 옷 젖듯
내 영혼에 묻어있는 수많은 죄들
내가 모른척하며
죄를 용서받을 수 있는 길을
기도를 떠나 다른 생각을 했습니다

영혼의 이기심 용서 받고
다 사랑 받으면 좋겠습니다.

촛불

촛불을 밝혀두고
소망으로 들어가라

그림자 길게 드리우고
아무런 생각없이
있는것 다 버리고
사랑으로 들어가라

촛불을 밝히고
감사로 들어가라

힘든 세상 한많은 세상을
촛등에 엎고 가라
불평을 버리고
행복의 문으로 들어가라

그리움 많은 우리 모습에
두려움 몰아내고
부끄러움 다 버리고
작은 불꽃으로 들어가라.

하루

하루를
마음에 물흐르듯
감사로 살았으면 하네

행복이란
감사로 옮겨오고
나눔은 비우고 던질 때
마음에 자리잡는 기쁨

어린아이처럼
하루를
살았으면 하네

아집을 버리고
고리를 끊어 버리고
하늘을 안고
공기를 벗삼아 살았으면 하네

미래를
마음에 생각하라
천상의 나라를 영혼에
조용히 담아 보아라.

징검다리

오색 조약돌
아이들이 물보라를 치며
빠르게 달린다

징검다리를 따라
아련히 그려보는 모습이
행복하기만 하다

징검다리
격려와 가르침이 뿌리를 내려
씨앗이 되어 돌아와
사랑의 움이 텄다

많은 세월의 흔적에도
징검다리는 여전히 서있네
고맙다
수고했다
너를 보면 그냥 기쁘단다

나도 마음을 연결하는
영혼의 징검다리
사랑의 징검다리가 되고 싶어진다.

호국

노란 나비가
휴양소를 날으고
단장한 까치가
종종 걸음을 한다

훈련된 단풍나무들이
열병을 하고
짙푸른 녹색 광장이
입맞춤을 한다

밝아오는
호국의 아침은
경이롭다고 팔각정이
미소를 보내고 있네

평안하냐
잘있느냐
행복하냐

호국인의 쉼터
호국인의 보람
너는 영원하라.

행복도로

차가
축포를 쏘며
두손을 흔들며 인사를 한다

행복도로를 타고
폼나게 달린다
희망을 품고 달려라
사랑을 입고 달려라

나의 기쁨
휴가가 가족품에서
스스로 잠을 잔다

하늘비가 차 위에
난타 공연을 한다
엔진 위에 두손이
바쁘게 움직이고
행복도로 흥분하여 미끄러지듯
양동이 비를 잘도 빠져 나간다

부푼꿈을 행복을 싣고
행복도로야 영원하라.

지우개

화면에
잘못된 문장은
지우개로 터치하는
손을 타고 말끔해진다

잘못된 글
거푸 지우면
공책이 깨끗해지고
마음도 시원해 진다

좋지 않은 기억
불쾌한 마음
분한 생각
청결하게 지우자

가슴을 내 보이고
눈물로 화해하고
무릎 꿇은 자리에
성령의 지우개가 온다.

지각 인생

우두커니 서있는
냉장고에 화풀이 하고
열받은 냉장고
두통을 호소하네

입 다문 라면 봉투
뚝 잘라 배를 가르고
수술하는 의사인양
요리저리 수술을 하네

늘어진 면 사이로
삶의 애환이 재생되고
고비고비 힘든 언덕길이
펄펄 끓는 물속으로
사정없이 수영을 하네

이글이글
공복을 채우고
새로운 인생
소망의 꽃을 피우리라.

계절

고추잠자리
때 이른 들국화 위로
날고 또 날은다

봉서산 위에
하얀 구름이 걸려
구름 사탕 풍선이
되어 날아온다

조막만한 땅을
일구는 꼬부랑 할아버지
꼬마 개구쟁이가
불거진 얼굴에
웃음으로 인사를 한다

새로운 계절이
슬며시 꿈처럼 다가온다
눈을 크게 뜨고
푸른 청산을 보리라

청산 밑으로
강물이 흐른다.

콩만한 얼음

늦은 오후 비가 내린다
대노하신 음성이 들리고
맑은 하늘이 그대로 뚫렸다

하늘이 열리고
콩알 만한 얼음이 쏟아진다
조용하던 대지가
화들짝 놀라 고개를 숙인다

잘못했습니다
제발 얼음덩이만은 멈추어 주세요

인생은 순응해야 하고
대지는 푸른 싹을 내야 한다

내리는 엄청난 비에 놀랐고
얼음 세례에 더 놀랐습니다

냉냉한 나는
얼음 매를 맞겠습니다.

새날의 시간

시간이
흘러가고
젊음이 빠르게 가니

목적은
새로워지고
내 영혼은 새롭게 되네

세월이 흘러가는
다급한 종소리를 들으며

놀라 일어나
더욱 힘차게 새날의
종을 울려 보네

한 조각의 빵을
얻기 위하여 땀을 흘리고
한 잎이 자라기 위해 트림을 하고

새날을 위해
이밤은 어둠의 산고를 겪네.

詩人 이애경 詩

작은 생명이라도 소중히 여기며
아끼고 사랑하는 법을 알아서
봉사를 멈추지 않고 눈물 닦아주며
산다면 참 좋겠습니다

내마음은

어떤이도 미워 할 수 없어요
내가 가진 것들이 너무 많아서
고운 꽃을 보며 꽃물 들어가는
꽃마음의 감성이 있으니까요
어떤 사람도 싫다고 말할수 없어요
가슴으로 듣는 노랫말이
나를 고운 마음으로 귀열어 보라고
고운 심성으로 말해 보라고 하니까요
누구도 무시 할 수 없어요
매일 보는 책속에서 어떤 이도
그 마음은 샘물 같아서
나보다 깊은 마음이 있다고 하니까요
좋아하는 꽃이 곱게 마음 물들이고
친구같은 음악이 감성을 깨워주며
가끔보는 영화가 일상을 살찌게 하고
매일 보는 책이 철들게 해요.

좋은 사람

마음이 허허로운 벌판 같은 이에게
따뜻한 말로 힘과 위로를 주면서
고운 꽃같은 마음으로 살았으면
참 좋겠습니다
작은 생명이라도 소중히 여기며
아끼고 사랑하는 법을 알아서
봉사를 멈추지 않고 눈물 닦아주며
산다면 참 좋겠습니다
마음이 녹이 쓸어 요란한 소리 낼 때
고운 그림 감상하고 고운 마음 감상하며
마음을 가지런히 정돈해서 시냇물 흐르듯
살면 참 좋겠습니다
넓은 마음으로 어른을 공경하며
따뜻한 배려로 어린이를 사랑하고
눈 높이를 맞추어 가면 나이를 잊고
산다면 참 좋겠습니다
자신을 가꾸는 일에 게으르지 않으며
남을 존중해 주는 배려가 있고
나이가 들어가는 멋스러움을 알고 사는
사람이면 참 좋겠습니다.

생각 바꾸기

우리는 소소한 일상속에
무수히 숨어 있는
행복한 것들을 무디게
흘려 보냅니다.

볼 수 있는 눈이 얼마나
예쁘고 아름다운 것들을
찾아 낼 수 있는지
잊고 살아 갑니다.

고운 마음으로 찾을 수
있는 것들이 얼마나
소중하고 값진 것들인지
깊이 생각하지 않습니다.

오늘 내가 가진 것들로
다른 이에게 선한 마음의
옷을 입혀 주면서
행복해지면 좋겠습니다.

소소한 일상의 갈피에서
푸른 하늘 볼 수 있는 것
마음을 녹쓸지 않게 하며
감사의 마음이면 좋겠습니다.